ANALIZA KSIĄŻKI

AF137517

Raport Brodeck'a
· · · · · · · · · · · · · · ·

Philippe Claudel

ANALIZA KSIĄŻKI

Napisany przez Cécile Perrel
Przetłumaczony przez Kâmil Kowalski

Raport Brodeck'a

PHILIPPE CLAUDEL

PHILIPPE CLAUDEL

FRANCUSKI PISARZ I REŻYSER

- **Urodził się w Dombasle-sur-Meurthe (Francja) w 1962 roku.**

- **Godne uwagi prace:**

  - *Szare dusze* (2003), powieść

  - *Monsieur Linh i jego dziecko* (2005), powieść

  - *Petite fabrique des rêves et des réalités* ("The Making of Dreams and Realities", 2008), powieść

Philippe Claudel to francuski pisarz i reżyser. Jest również starszym wykładowcą na Uniwersytecie w Nancy oraz profesorem w Europejskim Instytucie Audiowizualnym i Kinowym. Uczył więźniów i osoby niepełnosprawne. Jest również autorem ponad 20 książek, które zostały przetłumaczone na kilkadziesiąt języków i zdobyły wiele nagród, w tym *Szare dusze, Monsieur Linh i jego dziecko* oraz *Raport Brodecka*. Pierwszy film Claudela, *I've Loved You So Long*, ukazał się w 2008 roku. Temat wojny i jej skutków można znaleźć w kilku jego dziełach.

RAPORT BRODECK'A

PAMIĘTNIK WOJENNY

- **Gatunek**: powieść
- **Wydanie referencyjne**: Claudel, P. (2010) *Raport Brodecka*. Trans. Cullen, J. London: Quercus.
- **1. wydanie**: 2007 r.
- **Tematy**: II wojna światowa, morderstwo, strach, szaleństwo, śledztwo, memoire

Raport Brodecka został opublikowany w 2007 roku. Opowiada historię mężczyzny o imieniu Brodeck, który mieszka w odległej wiosce. Pewnego dnia jedyny cudzoziemiec w wiosce zostaje zamordowany przez innych mieszkańców. Brodeck jest jedyną osobą, która może trzymać maszynę do pisania i czcionkę, więc jest proszony o napisanie dokładnego i szczegółowego raportu, aby udowodnić, że śmierć nie była nielegalna. Ponieważ jednak go tam nie było, zaczął zbierać informacje. Czytelnicy śledzą jego poszukiwania, przerywane od czasu do czasu wspomnieniami z obozów koncentracyjnych podczas II wojny światowej (1939-1945). Brodek musi pisać o tym, czego nie da się opisać i zadawać pytania o prawdziwe oblicze człowieczeństwa.

PODSUMOWANIE

RANY WOJENNE

Brodeck mieszka z rodziną w małej górskiej wiosce. Mieszkają z nim: jego żona Emelia, córka Pupshet i Fedorine, starsza kobieta, która opiekowała się nim, gdy był dzieckiem. Swoją żonę poznał podczas studiów w S City dzięki mieszkańcom wsi. Wtedy wszyscy zbierali się, żeby wysłać kogoś na studia, ale Brodek był najmądrzejszy.

Wkrótce rozeszły się pogłoski o gromadzeniu się wojska na granicy, a w mieście wybuchły demonstracje robotnicze. Brodek jednak nie brał udziału. Pewnej nocy doszło do zamieszek:

Obce ("zagraniczne", "zdrajcze" lub "brudne") sklepy były zaniedbane. Brodek był bezradny i oburzony, że staruszek został zabity. Następnie udał się do domu Emelii, aby wziąć ślub i oboje uciekli z miasta, szukając schronienia na wsi. W rezultacie porzucił studia.

Jakiś czas po rozpoczęciu wojny do wioski przybyły siły wroga zwane Flätagekaime, dowodzone przez kapitana Bullera. Życie w wojsku było początkowo bardzo trudne dla mieszkańców wsi. Buller wezwał do "oczyszczenia" wsi. Był tak wytrwały, że burmistrz, podobnie jak inne ważne osobistości we wsi, spisał nazwiska dwóch wieśniaków, którzy urodzili się gdzie indziej. Brodek i Simon Flipman. Obaj zostali aresztowani i rozdzieleni. Brodek trafił do obozu internowania i był traktowany jak zwierzę. Każdego dnia w obozie losowo wybierano mężczyznę i publicznie wieszano, aby zadowolić żonę przełożonego. Brodeck żył więc w ciągłym strachu, nie wiedząc, czy przeżyje. Kiedy wrócił, nie był w stanie powiedzieć nikomu poza Fedorine'em o okropnościach, które przeżył.

Podczas gdy Brodeck był więziony, Emelia też była więziona. Pewnego dnia trzy dziewczyny, najwyraźniej uciekające, zostały znalezione w lesie i zabrane do żołnierzy. Emelia, która stanęła w ich obronie, została uwięziona razem z nimi, a żołnierze robili, co im się podobało. Następnego dnia Fedorine znalazł martwe trzy dziewczyny. Wszystkie zostały zgwałcone i były torturowane, zarówno przez żołnierzy, jak i niektórych wieśniaków. Tylko Emelia przeżyła, ale to doświadczenie odcisnęło na niej piętno. Zamknęła się w milczeniu, nie mogąc odzyskać głosu, gdy wrócił jej mąż. W wyniku gwałtu Emelia urodziła Pupshette, a Brodeck uważał ją za swoją córkę i bardzo ją kochał.

MORDERSTWO CUDZOZIEMCA

Wojna w końcu się skończyła. Pewnej nocy, wchodząc do gospody Schlossa, Brodeck natrafia na innych mężczyzn z wioski, którzy właśnie popełnili morderstwo. Zabili człowieka znanego jako *Anderer* (czyli "Inny"), obcokrajowca, który chwilę wcześniej zamieszkał w wiosce.

Mieszkańcy wsi podejmują wspólną decyzję, aby poprosić Brodecka o napisanie raportu (do archiwum wsi) na temat tego, co się właśnie wydarzyło, aby nie byli osądzani i aby było jasne, że działali zgodnie z prawem. *Anderer* swoją milczącą, zmanierowaną i spostrzegawczą obecnością i postawą sprawił, że mieszkańcy poczuli się nieswojo i zachwiali równowagę we wsi. Całkowicie go odrzucili, nie mogąc poradzić sobie z jego brutalnie szczerymi opisami, które ujawniały ich ukryte wady. Mimo obrzydzenia do mieszkańców wsi, Brodeck nie ma wyboru i musi się z nimi pogodzić. Brodeck opisuje swoje dzieciństwo równolegle z historią wiejskiej zbrodni, którą nazywa *Ereigniës* (czyli "rzecz, która się wydarzyła"). Opowiada o swoim dzieciństwie, życiu z Fédorine, przyjeździe do wsi, nauce w S., spotkaniu z Emélią, powrocie do wsi, wojnie i piekle, jakie przeszedł w obozie.

Dzień po tragedii Brodeck zaczyna zbierać informacje, aby napisać swój Raport. *Anderer* przybył do wioski pewnego majowego dnia, ubrany w ekscentryczne stroje, które wyróżniały go w prostym otoczeniu, wraz ze swoim koniem, Mademoiselle Julie, i osłem, Monsieur Socrate. Inni mieszkańcy wioski natychmiast stali się nieufni i obawiali się go. Od zakończenia wojny do wioski nie przybył żaden obcokrajowiec. Brodeck natomiast ucieszył się na widok nowej twarzy. Jednak zwyczaje *Anderera* od samego początku nie spodobały się pozostałym mieszkańcom wioski. Miał bardzo dziwne maniery, nadmiernie interesował się swoim wyglądem i zachowywał się bardzo nietypowo, szczególnie w stosunku do swoich zwierząt, które traktował jak prawdziwych mężczyzn.

Brodek szybko orientuje się, że wieśniacy spotkali się w noc morderstwa i zastanawia się, dlaczego nie został zaproszony. Okazuje się, że Brodeck straszył innych wieśniaków od powrotu z obozu. Dzieje się tak częściowo dlatego, że Brodeck czuje się winny za to, co przeżył w piekle, a częściowo dlatego, że okropne doświadczenia obozowe odróżniają go od reszty wioski. Ich wina wylewa się na papier, gdy Anders tworzy kilka portretów wieśniaków, które pewnego dnia zostaną wywieszone w zamkowej karczmie. Tutaj wszystko się zaczęło. Mieszkańcy nie mogli dłużej tolerować obecności tego nieznajomego.

Wkrótce po rozpoczęciu swojego Raportu Brodeck orientuje się, że ktoś był w pokoju, w którym pisze. Pokój należał kiedyś do przyjaciela Brodecka, Diodème'a, nauczyciela z wioski. Intruz przewrócił miejsce do góry nogami, próbując znaleźć jego dokumenty, ale bezskutecznie. Właśnie w tym momencie Brodeck odkrywa ukryty w szufladzie list do niego od Diodème. Nauczyciel zmarł kilka tygodni temu w tajemniczych okolicznościach. List okazuje się być spowiedzią: Diodème wyjaśnia, dlaczego Brodeck został aresztowany i wysłany do obozu.

Badając dokładne okoliczności śmierci Andersa, Brodeck odkrywa, że burmistrz kazał cudzoziemcowi opuścić wieś, ale on tego nie zrobił. Został znaleziony związany i utopiony w rzece. Jego własna śmierć nadeszła zaledwie dwa dni później. Oto jak Brodeck łączy te wydarzenia, analizuje je i odkrywa przyczynę morderstwa. Inne odsłaniały twarze wieśniaków ukryte w stworzonych przez niego portretach.

Po zakończeniu pracy Brodeck przekazuje ją Orschwirowi, burmistrzowi. Mężczyzna pali ją, twierdząc, że pamięć może być niezwykle niebezpieczną rzeczą. Brodeck nie jest w stanie dłużej żyć wśród tych mężczyzn, których krępował od czasu powrotu z obozu i postanawia opuścić wieś wraz z Fédorine, Emélią i Poupchette.

STUDIUM POSTACI

BRODECK

Bohaterem opowieści jest Brodeck, ale nie znamy jego imienia i nazwiska, wieku ani narodowości. Ponieważ jednak studiował, ożenił się i wrócił na wieś, można przyjąć, że ma około 30 lat.

Jest sierotą, którego Fédorine znalazła w zrujnowanym domu, w kraju, który nigdy nie został zidentyfikowany. Fédorine postanowiła go przygarnąć i oboje przenieśli się do wioski, w której nadal mieszkają.

Brodeck okazał się uzdolniony akademicko i przez resztę wsi został wysłany na Uniwersytet w S. Tam poznał Emelię, swoją przyszłą żonę. Jednak wojna pokrzyżowała mu plany. Ponieważ pochodzi z obcego kraju, został deportowany do obozu koncentracyjnego, gdzie traktowano go jak zwierzę. Zmuszano go do zachowywania się jak psa, chodzenia na czworakach, noszenia obroży i smyczy, jedzenia z miski: strażnicy nazywali go "Brodeck-the-Dog" (rozdział 38). Brodeckowi udało się jednak przeżyć te tortury i wrócić do wioski.

Mimo tych przerażających przeżyć Brodeck nie jest zgorzkniały i nie ocenia ludzi. Jest osobą bardzo wrażliwą i inteligentną. Nauczył się obserwować i interpretować ludzkie zachowania. Używa zdrowego rozsądku, aby wyjaśnić śmierć Andersa, a jego wyjaśnienie jest oparte na faktach. "Postawiłem na prostotę. Starałem się wiernie opowiedzieć historię. Nic nie wymyśliłem, nic nie zmieniłem. Zbierając informacje do raportu (i spalając owoce swojej pracy), poznał przerażające i rozgniewane zachowanie wieśniaków. Postanowił więc opuścić wioskę i wreszcie zacząć żyć.

ANDERER

Anderer jest człowiekiem, któremu trudno przypisać wiek. Ma blond kręcone włosy, dziecięcą twarz i okrągłe policzki:

> *"Zawsze miał na twarzy wielki uśmiech, uśmiech, który często zastępował słowa, których raczej oszczędnie używał. Miał piękne, jadeitowo-zielone oczy, bardzo okrągłe i lekko wybrzuszone, co czyniło jego spojrzenie jeszcze bardziej przenikliwym."*

Jego wygląd denerwuje mieszkańców wsi, ponieważ nie ubiera się tak jak oni: nosi haftowane ubrania z drogiego materiału.

Nikt nie wie, jak się nazywa i dlaczego zdecydował się na przeprowadzkę do tej konkretnej wioski. Spędza czas na rysowaniu i robieniu notatek w małym zeszycie, co denerwuje mieszkańców, którzy mają wrażenie, że Brodeck ich szpieguje. Pewnego dnia Brodeck podsłuchuje rozmowę, która zwiastuje nadchodzącą tragedię: "Może masz rację [...] może ten zeszyt nigdy nie powinien nigdzie wyjechać. A może osoba, do której należy, jest tą, która nie może odejść, nigdy".

Anderer, choć mieszka w wiosce, żyje osobno i nie miesza się z innymi. Od czasu do czasu rozmawia jednak z Brodeckiem, który czując, że z jakiegoś powodu może mu zaufać, opowiada mu, co się stało z nim i Emelią.

Ogólna ciekawość, jaką wzbudza w mieszkańcach wsi, powoli przeradza się w nienawiść. Pokazanie portretów jest ostatecznością: są zbyt bliskie prawdy, by mieszkańcy mogli je zaakceptować. Odsłaniają ich prawdziwe twarze: "mówiły [...] rzeczy, które nigdy nie powinny być powiedziane, i ujawniały prawdy, które były starannie stłumione".

FÉDORINE

Fédorine przygarnęła Brodecka w wieku czterech lat, kiedy właśnie stracił rodziców. Opiekowała się nim jak matka i zabrała go daleko od jego zrujnowanego domu i zmarłych rodziców. Nie sposób powiedzieć, ile ma lat, a Brodeck mówi nawet:

> *"Nie wiem, czy Fédorine była kiedykolwiek młoda. Zawsze widziałam ją poskręcaną i powyginaną [...] Nawet kiedy byłam małym dzieckiem i wzięła mnie do siebie, wyglądała już jak poturbowana stara wiedźma."*

Gdy wraca z obozu, to właśnie ona się nim opiekuje. Zna lekarstwa i mikstury, które łagodzą chorobę i gorączkę. To ona zajmuje się również Poupchette, ponieważ Emélia, pogrążona w traumie po tym, co się stało, nie jest w stanie być matką. Powierza Brodeckowi swoje życie, ale nie angażuje się w kontakty z mieszkańcami wioski, gdyż jest wobec nich skrajnie nieufna.

EMÉLIA

Emélia jest żoną Brodecka. Poznała go podczas studiów w S., gdzie pracowała jako hafciarka. Wyszła za niego i pojechała z nim do jego wioski, gdy wybuchła wojna.

Jest niezwykle piękna i to dzięki wspomnieniom o niej Brodeck stawia opór w obozie i znajduje odwagę, by przetrwać piekło. Wojna pozostawiła jej także blizny: po odważnej obronie trzech młodych dziewczyn, które zostały zgwałcone przez żołnierzy, sama również została zgwałcona i pozostawiona na śmierć. Po tym napadzie urodziła dziewczynkę o imieniu Poupchette.

Z powodu tego doświadczenia traci zdolność mówienia i przestaje komunikować się z ludźmi. Wydaje się jednak, że pod koniec powieści, gdy rodzina przygotowuje się do opuszczenia wioski, nieco wraca do życia. Ściska szyję męża, jakby chcąc zachęcić go do opuszczenia na zawsze tego miejsca, w którym przeżyli tyle grozy i w którym zdradzili ich ludzie, z którymi żyli. Jest to niezaprzeczalny znak, że myśl o wyjeździe leży jej na sercu.

WIEŚNIACY

Mieszkańcy wsi zdają się tworzyć mało jednorodną grupę; są postacią tak samo jak Brodeck czy Emélia. Działają razem, jako jednostka, co momentami może wydawać się dość opresyjne. Jest jednak kilku mężczyzn, którzy się wyróżniają:

- **Diodème – wieśniacki nauczyciel i przyjaciel Brodecka**. Na początku książki dowiadujemy się, że zmarł trzy tygodnie temu: prawdopodobnie popełnił samobójstwo. Nigdy nie potrafił sobie wybaczyć, że zdradził Brodecka żołnierzom z wioski. Brodeck w końcu dowiaduje się prawdy o jego aresztowaniu z listu napisanego przez Diodème. Był on dobrym człowiekiem. Nie było go na *Ereigniës*, ponieważ w czasie, gdy to się stało, przebywał poza wsią.

- **Hans Orschwir, sołtys wsi**. Brał udział w *Ereigniës* i wyjaśnia Brodeckowi, czego chce od swojego Raportu. Uważa się za obrońcę spokoju we wsi. Często wypowiada się w metaforach. Na przykład porównuje mężczyzn do świń, które hoduje:

> *"Są w stanie zjeść własnych braci, własne ciało. W ogóle by im to nie przeszkadzało – dla nich to wszystko jest takie samo. […] Bo oni jedzą wszystko, Brodeck, bez pytania. I nie myślą, Brodeck, nie oni. Nie znają nic o wyrzutach sumienia. Oni żyją. Przeszłość jest dla nich nieznana. Mają rację, nie sądzisz?"*

Orschwir jest wśród tych, którzy kolaborowali z wrogiem, gdy wieś została zajęta. Kilkakrotnie mówi, że pamięć to trucizna, z której trzeba wyciągnąć, dlatego pali Raport Brodeckiego.

- **Göbbler, najbliższy sąsiad Brodecka**. Göbbler obserwuje sąsiada w nocy, gdy ten pisze swój raport. Kiedy wieś została zajęta przez wrogie wojska, przekonał mieszkańców o pozytywnych aspektach okupacji i stał się kimś w rodzaju drugiego burmistrza. Często przebywał w namiocie Adolfa Bullera, kapitana grupy żołnierzy stacjonujących we wsi. Kiedy przyprowadzono do niego trzy młode, uciekające dziewczyny, podjął decyzję o oddaniu ich w ręce wroga, wiedząc jednocześnie doskonale, że podpisuje na nie wyrok śmierci. Jest złym człowiekiem bez żadnych skrupułów.

- **Dieter Schloss, właściciel największego we wsi baru, gospody Schlossa**. Pomimo tego, że praktycznie nigdy nie ma tam podróżnych, karczma nadal posiada cztery pokoje, z których jeden zajmuje *Anderer* podczas swojego pobytu we wsi. Karczma jest również miejscem, w którym doszło do niepamiętnego zdarzenia: zabójstwa *Anderera*. *W* trakcie książki Schloss okazuje się być taki jak większość mieszkańców wsi: wyznawca, a może nawet oportunista, ale nie prawdziwie zły: "Zrobiłem to, co mi kazano, to wszystko. Nie chcę żadnych kłopotów [...] jestem tylko prostym człowiekiem [...] ale nie jestem najgorszy, wiesz". Karczmarz spowiada się Brodeckowi dwukrotnie. Za drugim razem opowiada podsłuchaną rozmowę *Andera* z burmistrzem. Ta relacja uświadamia Brodeckowi, że mieszkańcy wsi już przed zamordowaniem *Andera żywili* wobec niego groźne myśli i uczucia.

ANALIZA

POWIEŚĆ UNIWERSALNA

Nie jest łatwo napisać uniwersalną powieść, która poruszy wszystkich. Pisarz musi wyjść poza własną wrażliwość kulturową i wyobrażenia o świecie, aby stworzyć książkę, do której każdy będzie mógł się odnieść. Claudelowi udaje się to trudne zadanie zrealizować w *Raporcie Brodecka*.

Nieokreślone elementy przestrzenne i czasowe

Aby osiągnąć ten cel, autor stosuje bardzo prostą technikę: trzyma czytelnika w niepewności co do miejsc i czasu, w którym rozgrywa się jego historia. Kiedy w opowiadaniu pojawiają się nazwy miejsc lub elementy scenerii, wszystkie są wymyślone przez autora. Na przykład rzeka Staubi i góry, które widać na horyzoncie, a także Hunterpitz i trzy Schnikelkopf, są fikcyjne. Claudel decyduje się także na zredukowanie nazwy głównego miasta do najprostszego wyrazu: jednej litery S. Niektóre informacje, jak np. nazwa wsi, po prostu pomija. Niejasność podawanych nam informacji przestrzennych i czasowych jest głównym osiągnięciem powieści: jeśli nie jest ona zlokalizowana nigdzie, to może być zlokalizowana wszędzie. Podobnie jest z ramami czasowymi: nigdy nie ma wzmianki o dacie. Opowieść można zatem odnieść do każdego miejsca i każdego czasu.

W opowiadaniu jest jednak kilka wskazówek, które pozwalają nam nieświadomie określić lokalizację:

- Górzyste otoczenie i starogermańsko brzmiący język ograniczają akcję do Europy Środkowej.

- Opis *Fratergekeime* od razu nasuwa skojarzenie z nazistowskimi żołnierzami, którzy zaprzeczali człowieczeństwu Brodecka, traktując go jak zwierzę, gdy był więziony w obozie. Narrator opisuje ich w następujący sposób:

> *"...ludzie bardzo podobni do nas. Chodząc na uniwersytet w ich Stolicy, zdarzyło mi się dobrze ich znać. Związaliśmy się z niektórymi z nich, ponieważ często odwiedzali naszą wioskę [...] i mówili językiem, który jest bliźniaczą siostrą naszego własnego i który rozumiemy z niewielką trudnością."*

- Stolica, w której studiował Brodeck, nazywa się po prostu S. Jednak i to może być wskazówką: w latach 20. XX wieku rząd nazistowski założył swoją siedzibę w Stuttgarcie, dawnej stolicy Europy Środkowej.

- *Pürische Nacht*, rewolta, której świadkiem był Brodeck w S., ma więcej niż kilka wspólnych cech z Nocą Rozbitych Szyb (9-10 listopada 1938), dniem i nocą antyżydowskich zamieszek, grabieży, zniszczeń i linczów, które miały miejsce jednocześnie w całych nazistowskich Niemczech. Splądrowano wiele żydowskich sklepów i miejsc kultu.

Te wskazówki zdają się zakotwiczać książkę w nazistowskich Niemczech: nienawiść do cudzoziemców, wojna i kolaboracja; wandalizm; niemiecko brzmiący język; obozy; i tak dalej. Claudel przyznał jednak, że nie chciał pisać "książki o Holokauście, są ich już tysiące". *Raport Brodecka dzieje* się w Europie Wschodniej, to jest tak precyzyjne, jak to tylko możliwe. Francuzi będą skłonni myśleć, że akcja rozgrywa się w Alzacji, ze względu na wymyślony przeze mnie dialekt. Jednak niektórzy z moich niemieckich przyjaciół myśleli o Austrii. Na myśl przychodzi też była Jugosławia..."[1] (Leménager, *Philippe Claudel: Le Rapport de Brodeck est une parabole sur la Shoah*, 2007). Autor potwierdza tu chęć napisania książki uniwersalnej, a nie koncentrowania się na konkretnym wydarzeniu. Dla niego "rozprawa historyczna w przebraniu powieści" (tamże) jest nieciekawa: równie dobrze można by kupić prawdziwą książkę o udokumentowanej historii.

Wieś: mikrokosmos społeczeństwa

Autor nie uchyla więc całkowicie zasłony tajemnicy. Aby uczynić swoją opowieść uniwersalną, Claudel stosuje jeszcze jedną technikę: tworzy mikrokosmos społeczeństwa w wiosce, aby sportretować społeczeństwo jako całość.

Życie wsi, jak i życie całego społeczeństwa, podzielone jest na trzy okresy czasowe:

- **Przed wojną**, mimo izolacji, mieszkańcy wsi są gościnni. Podróżni są serdecznie witani w gospodzie: wnoszą powiew świeżości, który sprawia, że wieś ożywa. Ci, którzy chcą zostać dłużej, są przyjmowani z otwartymi ramionami, jak Fédorine i Brodeck: "Rozlokowali nas w chacie i dali do zrozumienia, że możemy tam zostać na jedną noc lub na kilka lat". W końcu "w tamtych czasach ludzie nie bali się jeszcze obcych, nawet jeśli byli to najbiedniejsi z biednych".

- **Podczas wojny** strach zastępuje ich dawną solidarność: okupant rozkazuje, a mieszkańcy wsi są posłuszni. Lepiej poświęcić kilku dla przetrwania i spokoju reszty wsi.

....

1 Ten cytat został przetłumaczony przez BrightSummaries.com.

Wystarczy, że jedna osoba, Göbbler, wyśpiewa pochwałę okupantów, by przekonać tych, którzy mają wątpliwości. W efekcie denuncjują oni Brodecka i Frippmana, których wcześniej traktowali jak braci.

- **Po wojnie** blizny nie znikają: powietrze nadal jest przesiąknięte podejrzliwością, a na tych, którzy są inni, patrzy się z nieufnością. Brodeck jest obserwowany i trzymany na dystans; w rzeczywistości jest po prostu tolerowany we wsi, w której "pamięć miała ciążyć przez następne stulecia" z powodu horroru obozów i ich kolaboracji, podobnie jak reszta ludności, która nie zrobiła nic podczas konfliktu. Przybycie *Anderera* jest teraz witane w sposób, który daleki jest od spontaniczności czy powitania. Co więcej, fakt, że jest on inny, czyni go idealnym celem.

Dzięki temu czytelnik zaczyna rozumieć, co powoduje, że społeczeństwo zachowuje się i reaguje w taki sposób, w jaki to robi poprzez życie w wiosce. Możemy zatem znaleźć się w każdej wiosce, z każdym mieszkańcem – opisanym tu jako tłum, podążający za stadem bez zadawania zbyt wielu pytań – każdym oportunistycznym przywódcą, jak Orschwir i Göbbler, i każdą ofiarą, jak Brodeck i *Anderer*.

PAMIĘĆ I POCZUCIE WINY

Kiedy w powieści wojna dobiega końca, na placu wiejskim zostaje postawiony pomnik poległych mieszkańców wsi. Wpisane jest na nim również nazwisko Brodecka, gdyż nadal jest on więziony w obozie. Wydaje się to pacyfikować mieszkańców wsi i łagodzić ich poczucie winy. Być może popełnili straszny czyn, denuncjując go i wysyłając do obozu, ale czczą jego pamięć, wpisując jego nazwisko na pomniku. Mieszkańcy wsi nie wiedzą jednak, że Brodeck przeżył. Kiedy wraca do wioski, najwyraźniej wciąż żywy, zmuszeni są wymazać jego nazwisko, a w ich sercach powoli zaczyna rodzić się uraza. Jego śmierć pozwoliłaby im na spokój z samym sobą: wierzyli, że zbudowanie pomnika wystarczy, by wymazać swoje grzechy. Jednak powrót Brodecka zmusza ich do ponownego zmierzenia się ze zdradą. Brodeck jest lustrem, w którym odbija się podłość mieszkańców wsi, dlatego zostaje odrzucony.

W konsekwencji zauważamy, że pamięć jest traktowana jako coś negatywnego: trzeba ją zneutralizować, bo nic dobrego nie może z niej wyniknąć. Potwierdza to burmistrz, gdy mówi Brodeckowi, że:

> "Wszystko, co należy do wczoraj, należy do śmierci, a ważne jest, by żyć. Wiem, że doskonale zdajesz sobie z tego sprawę, Brodeck – wróciłeś z miejsca, z którego ludzie nie wracają [...] Stado liczy na mnie, że ochronię je przed każdym niebezpieczeństwem, a ze wszystkich niebezpieczeństw pamięć jest jednym z najstraszniejszych."

Zapominanie wydaje się być kluczem do szczęśliwego życia.

Chęć spisania raportu wynika z tej samej logiki: mieszkańcy wioski chcą go mieć na sumieniu, ale po jego zakończeniu wolą się go pozbyć i uwolnić od tego przytłaczającego wspomnienia. Brodeck jednak nie potrafi zapomnieć, dlatego decyduje się na opuszczenie wioski.

WIELOASPEKTOWY STYL PISANIA

Osobiste i poetyckie

Zgodnie z uniwersalnością powieści, styl pisania autora nieodparcie wciąga czytelnika w historię, od której nie może się on całkowicie odciąć: czytelnik staje się bardzo przywiązany do Brodecka, ponieważ otrzymuje intymny dostęp do jego myśli. Ta bolesna historia zmarnowanego życia przykuwa naszą uwagę i głęboko nas porusza. Istnieje kilka technik pisarskich, które tworzą ten efekt:

- **Użycie pierwszej osoby liczby pojedynczej**. Wybór pisania książki w pierwszej osobie liczby pojedynczej przenosi czytelnika w samo serce historii. Stajemy się powiernikami bohatera i mamy uprzywilejowany wgląd w jego życie osobiste. W konsekwencji czytelnik nawiązuje znajomą relację z narratorem, który staje się bliskim przyjacielem. Co więcej, to "ja" kontrastuje z tłumem, z masą innych, co wzmacnia więź między czytelnikiem a tą konkretną jednostką.

- **Struktura**. Ten osobisty ton łączy się z napisaniem przez Brodecka "intymnej książki". Jego Raport jest rodzajem autobiografii, w której opowiada swoją historię, łącząc szereg szokujących wydarzeń z przeszłości i teraźniejszości. Dla niego historia odzwierciedla jego życie: "Jeśli moja opowieść wygląda jak jakieś monstrualne ciało, to dlatego, że jest zrobiona na obraz mojego życia, którego nie byłem w stanie opanować, które zmierza ku spustoszeniu i ruinie".

- **Pojawienie się wspomnień**. Wspomnienia pojawiają się nagle, odbijają się od siebie i mieszają tworząc swoisty "jumble".

> "Kiedy czytam strony mojej dotychczasowej relacji, widzę, że poruszam się ze słowami jak tropiona zwierzyna w biegu, sprintem, zygzakiem, próbując zrzucić z tropu psy i myśliwych w gorącym pościgu. Ten zlepek zawiera wszystko. Próżnuję w nim swoje życie. Pisanie jest ulgą zarówno dla mojego serca, jak i żołądka".

Wobec tego niezdecydowanego wyznania czytelnik nie może ani pozostać obojętny, ani się zdystansować. Autor kreśli więc niemal intymną więź między swoim bohaterem a czytelnikami.

Mimo niezwykle trudnego życia Brodeck wciąż potrafi odnaleźć piękno w świecie. Lirycznie opowiada o przyrodzie i krajobrazach, dziecięcej witalności małej Poupchette i cichym pięknie swojej żony Emélii.

Brodeck potrafi nawet w horrorze dostrzec piękno. Podczas *Pürische Nacht* w S. Brodeck "nie mógł się oprzeć wyobrażeniu, że ktoś rozrzucił kamienie szlachetne garściami po całej dzielnicy Kolesh. Myśl ta nadała tej małej uliczce nowy wymiar, lśniący, cudowny, jak sceneria bajki". Te kamienie szlachetne to nic innego jak potłuczone szkło "witryn sklepowych, które stały jak szczęki martwych zwierząt". Obozy, które "wyrosły wszędzie po drugiej stronie granicy [są] jak trujące kwiaty".

Poezja przeplata się z grozą nie po to, by ją złagodzić czy uczynić bardziej przystępną, ale by ją podkreślić i uczynić tym bardziej wstrząsającą. Jest ona jednak bezużyteczna "w kwestii [...] przetrwania".

Przekazywanie wiadomości

Dla Claudela pamięć musi być utrzymywana przy życiu: nie może się zatrzeć. Jego powieść przypomina niekiedy przerażającą relację Primo Leviego (włoskiego pisarza, 1919-1987), *If This Is a Man,* opowiadającą o jego uwięzieniu w Auschwitz. Ludzkość z pewnością musi pamiętać, ale Claude nie zamierza potępiać ani nalegać, by to się nigdy nie powtórzyło: po prostu próbuje napisać historię, która pomoże mężczyznom zrozumieć ludzi. Bardziej niż wspominać konkretne traumatyczne wydarzenie, autor chce podkreślić, że nie wolno zapominać o przeszłości w ogóle.

Opowieść nieustannie przełącza się między teraźniejszością, życiem Brodecka we wsi i pisaniem Raportu, a jego wspomnieniami z wojny i przeżyciami w obozie. Przemyślenia bohatera pozwalają nam zobaczyć wydarzenia w nowym świetle, zrozumieć lub przynajmniej spróbować zrozumieć człowieka i to, co popycha go do określonego działania, wyrządzania sobie krzywdy lub przychodzenia sobie z pomocą.

Pokazuje zatem, że ciepło i dobro może pojawić się w każdej chwili, nawet w najgorszej sytuacji. Właśnie takie przesłanie przekazuje, gdy Brodeck wracał z obozu do domu. Po drodze spotkał człowieka, który zaproponował mu gościnę, nie zadając żadnych pytań. "'Nie mów' – powiedział. 'Nie zamierzam zadawać żadnych pytań. Nie wiem dokładnie skąd przybyłeś, ale myślę, że mogę się domyślić'". Mężczyzna dał mu nawet ubrania, aby mógł wrócić do wioski: "Są akurat w twoim rozmiarze. Należały do mojego syna, ale on już nie wróci. Bez wątpienia tak jest lepiej." Rozumiemy sugestię, że syn mężczyzny był prawdopodobnie jednym z oprawców i że jego ojciec wolałby, żeby nie żył, niż żeby musiał żyć z tym ciężarem.

Powieść Claudela nie jest bynajmniej potępieniem ludzkości i jej czynów: jest raczej przesłuchaniem na temat ludzkiej natury i stosunku człowieka do własnej pamięci i do tego, czego nie zna.

DALSZA REFLEKSJA

KILKA PYTAŃ DO PRZEMYŚLENIA...

- Jakie są podobieństwa i różnice między *Raportem Brodeckiego* a innymi utworami o tej samej tematyce? Co stanowi o oryginalności powieści Claudela? Uzasadnij swoją odpowiedź.

- Opisz postać *Anderera*. Dlaczego mieszkańcy wsi go zamordowali?

- Czy Twoim zdaniem istnieje związek między *Andererem* a Brodeckim? Jakiego rodzaju jest to powiązanie? Wyjaśnij swoją odpowiedź.

- Dlaczego Brodeck jest rozczarowany postawą byłego dyrektora szkoły, Limmata?

- Co możemy powiedzieć o karczmarzu, Schlossie? Jak widzi go Brodeck?

- Brodeck twierdzi, że choć to on wracał do domu, to właśnie Diodème mógł wreszcie żyć. Skomentuj.

- "Nazywam się Brodeck i nie miałem z tym nic wspólnego." Skomentuj to zdanie, które otwiera i zamyka powieść.

- Jaką koncepcję pamięci przekazuje powieść?

- Czy Twoim zdaniem Claudel ma optymistyczny czy pesymistyczny pogląd na człowieka w ogóle?

- Oprócz człowieka, powieść zastanawia się nad kilkoma pojęciami. Twoim zdaniem, jak przedstawiony jest strach? Co z Bogiem?

PRZECZYTAJ TAKŻE

WYDANIE REFERENCYJNE

Claudel, P. (2010) *Raport Brodeckiego*. Trans. Cullen, J. London: Quercus.

BADANIA REFERENCYJNE

Aarons, V. ed. (2016) *Third-Generation Holocaust Narratives: Memory in Memoir and Fiction*. Maryland: Lexington Books.

Levi, P. (1991) *If This Is a Man / The Truce*. New ed. Trans. Woolf, S. London: Abacus.

Chcemy usłyszeć od Ciebie, co się dzieje!
Zostaw komentarz na temat swojej internetowej biblioteki
i podziel się swoimi ulubionymi książkami w mediach społecznościowych!

www.50minutes.com

Master ISBN: 9782808693851
Papierowy ISBN: 9782808615259
Depozyt prawny: D/2023/12603/1805

Verhaal: © Primento

Projekt cyfrowy: Primento, cyfrowy partner wydawców.